1分で笑顔♥になれる言葉

わんこセラピー

リベラル文庫

はじめに

歴史に名を刻む偉人の言葉には、人生を充実させるヒントがたくさん隠されています。そして、犬たちは、やさしく誠実な心で、いつも私たちに寄り添ってくれます。

日々の暮らしに疲れた時、迷いが生まれた時、心のモヤモヤが晴れない時、この本を開いてみてください。数々の名言と純粋無垢な犬たちが、あなたの固くなった心をほぐし、笑顔で明日を迎える力にきっとなってくれるでしょう。

1章 ホッとする言葉

.... p7

2章 自信を取り戻す言葉

.... p37

index

3章 前向きになる言葉
.... p69

4章 人間関係を見直す言葉
.... p101

5章 やる気になる言葉
.... p133

1章

ホッとする言葉

あせらずいこう

どんな仕事や作業でも、焦ればそれだけ正確さが失われるもの。あなたのペースで、一つひとつを丁寧にこなしていくことが大事です。そうして完成した結果だけが、豊かな未来へと繋がっていくのです。

賢明に、そしてゆっくりと。
速く走ろうとする人間はつまづくものだ。

　　　　　　　ウィリアム・シェイクスピア（劇作家）

笑いは人を強くする

心の底から笑っている時は、嫌なことや心配事も忘れていられます。「病は気から」の言葉の通り、ストレスから解放されて過ごすことが一番の健康法なのです。疲れた時は、自分らしく、笑顔でいられる時間をつくりましょう。

薬を10錠飲むよりも、
心から笑った方がずっと効果がある。

アンネ・フランク(『アンネの日記』著者)

頼りにしてるよ

本当に人の助けがないとどうしようもない、という事態は、意外に少ないもの。しかし、あの人がついていてくれている、という安心感が背中を押してくれることはよくあります。信頼できる友は、その存在そのものが宝なのです。

我々を救ってくれるものは
友人の助けそのものというよりは、
友人の助けがあるという確信である。

エピクロス（哲学者）

自分のやり方がいちばん

憧れの人の自伝を読んで、その通りに行動しても、その人に近づけるわけではありません。その人にはその人の、あなたにはあなたのベストなやり方があります。そこに力を注ぐことで、理想に近づいていけるのです。

人は人吾(われ)はわれ也
とにかくに
吾(わが)行く道を吾は行くなり

西田幾多郎(にしだきたろう)（哲学者）

人間は、休みなく働き続けることはできません。誰しもが必ず休みます。だから、あなたが少し休んだからといって、人から遅れを取ることはありません。たまにはゆっくり休んで、明日からまた頑張りましょう。

ちょっとひと休み

疲れた人は、暫し路傍の草に腰を
おろして、道行く人を眺めるがよい。
人は決してそう遠くへは行くまい。

イワン・ツルゲーネフ（作家）

自分の人生を歩めるのは
自分だけ

自分よりも優れている、と思う人は、あなたの周りにもいることでしょう。しかし、あなたのほうがその人よりも得意なことは、必ずあります。あなたは、その得意なことで、あなたしか歩めない人生を歩けばいいのです。

自分しか歩めない道を、
自分で探しながらマイペースで歩け。
　　　　田辺茂一（紀伊國屋書店創業者）

本番に弱い人は、プレッシャーに押されて、本来の実力が出せないということ。逆に言えば、本番以上の実力はあるということなのです。だから自信をもって挑戦しましょう。失敗した時は、また次の手を考えればいいのです。

失敗しても次がある

うまくやろうとするあまり、
自分を追い込むと、苔が生じる。

林羅山(はやしらざん)（儒学者）

明日また考えよう

考えても考えても浮かばなかったアイデアが、翌朝ふっと湧いてくる。必死になって仕上げた仕事が、翌日確認すると穴だらけ。どちらもよくあることです。頭の中の回路が絡まったら、一晩ぐっすり寝てほぐしてみましょう。

決定をあせってはならない。
一晩眠ればよい知恵が出る。

　　　　　　アレクサンドル・プーキシン（作家）

あとで思えば
ちょっとしたこと

どんなに小さな悩みでも、悩んでいる時は深刻に思えるもの。でも、ちょっとした出来事やひと言で楽になったりもします。悩んでいる時は外に出たり、誰かと話してみたりすれば、モヤモヤがすっと消えるかもしれません。

わずかなことがわれわれを慰めるのは、
わずかなことがわれわれを
悩ますからである。

ブレーズ・パスカル（哲学者・数学者）

なりゆきに任せよう

新しい転勤先や、恋人との将来に不安を感じることは、誰にでもあるでしょう。しかし、今考えても解決しない心配事は、余計なストレスをためるだけ。趣味に没頭するなどして、先のことは意識せずに過ごしましょう。

心配しても始まらないことは、
心配しない方が利口だ。

武者小路実篤（作家）

「結果オーライ」にしよう

「あの時ああしておけば良かった」という思いは、誰もが一度は抱いたことがあるでしょう。しかし、それはあくまでもあなたの現時点での評価にすぎません。その選択を「正解」にするために、できることをすればいいのです。

後悔とは、自分が自分に下した
判決である。

メナンドロス（作家）

頑張りすぎない
くらいが
うまくいく

どんなことでも、うまくやろうと思えば努力は必要です。しかし、いつも全力投球していたら、いつか続かなくなってしまうものです。適度に頑張ることが、やる気を継続させて、成功へと結びつけるコツだと言えるでしょう。

頑張るだけが能じゃない。
何事もほどほどに。

<small>おか み きよひろ</small>
岡見清熙（蘭学者）

これまでの人生で、一番うれしかったことは何でしょう? その出来事の背景には、たくさんの苦労や悲しみがあるのではないですか。人生の本当の喜びというのは、苦しみ抜いたからこそ知ることができるものなのです。

生きてこそ、
わかることがある

死ぬのはウソだよ。
生きていなけれァならないんだ。
人間ッて長い間、苦しんで、探して、
それで分かるんだ。

小林多喜二（作家）

大きな失敗をして帰っても、「大変だったね」と労ってくれる家族がいる。誰にも邪魔されず、今日のうれしかった出来事の余韻に浸れる空間がある。一日の最後に、そんな家庭に帰れることが、一番の幸せなのかもしれません。

やっぱり家が
いちばん落ち着く

人間は自分の欲しいと思うものを求めて世間を歩き回り、そして家庭に帰った
ときにそれを見出す。

ジョージ・ムーア（作家）

犬にまつわる名言①

 その優しさに囲まれたい

犬たちは紳士だ。人間ではなく彼らの天国に行きたい。

　　　　　　　　　　　　　　マーク・トウェイン（作家）

 犬は愛を知っている

一番偉大な愛は母親の愛で、次が犬の愛、
その次に恋人だ。

　　　　　　　　　　　　　　ポーランドのことわざ

 落ち込んだときも……

顔をなめてくれる子犬に匹敵する精神科医はいない。

　　　　　　　　ベン・ウィリアムス（ミュージシャン）

2章

自信を取り戻す言葉

目標とする人物がいるのは素晴らしいことですが、その人物そのものになることがあなたの目標ではないはず。その人の良いところを吸収しつつ、あなたの特技や長所も伸ばしていくことが本当の成長なのです。

あなたのままで成長しよう

私たちは、他人と同じようになろうとして、
自分の4分の3を失ってしまう。

　　　　アルトゥル・ショーペンハウアー（哲学者）

批判は気にせず、自分に正直に

他人からの評価が気になって決断ができないことがあります。しかし、何を選んでも、批判をする人はいるものです。どうせ批判されるのなら、自分が正しいと思うほうを選択して、堂々と自分の思いを主張すればよいのです。

自分の心の中で正しいと信じていることをすればよろしい。
しても悪口を言われ、しなくても悪口を言われる。
どちらにしても批判を逃れることはできない。

　　　　　　エレノア・ルーズベルト（元大統領夫人）

今のままでも、まだやれることはある

今いる場所では自分は輝けない。あれがないから、成功できない。そんな思いを抱くこともあるでしょう。でも、今あなたのいる環境で、できるだけのことをしましたか？　あなたにできることは、まだきっとあるはずです。

あなたが持っているもので、あなたがいる場所で、
あなたができることをやりなさい。
　　セオドア・ルーズベルト（第26代アメリカ合衆国大統領）

他人との違いに自信を失う経験は誰にでもあると思います。しかし、友人といて楽しいのは自分と違うところがあるから。仕事を効率良く進められるのは得手不得手を補い合えるから。違いを受け入れて、楽しみましょう。

同じだと、おもしろくない

みんなちがって、みんないい。

金子みすゞ（詩人）

2章 自信を取り戻す言葉

できることは
アピールしていこう

謙虚さは、人と接する上でも、自分の成長のためにも必要なもの。しかし、それは卑屈になることとは違います。自分を大きく見せず、できることはできる。できないことはできないと、素直になることが大切なのです。

真の謙虚さとは自分を正当に評価することであり、
長所をすべて否定することではない。

サミュエル・スマイルズ（作家）

失敗は成長の証

自分のした失敗を理解しているということは、次から やり方を変えられるということ。あなたの失敗に気づ いた人も、あなた自身がそれをきちんと認めて反省し ているのを見れば、もう同じ失敗はないと安心するは ずです。

過ちを認めることを、決して恥じるべきでない。
それは別の言い方をすれば、今日の自分は昨日よりも
賢くなった、ということなのだから。

　　　　　　　　　　アレキサンダー・ホープ（詩人）

ここを耐えればチャンスがくる

スポーツを見ていると、不思議と一方に有利な展開に試合が進むことがあります。人生も同じように、「流れ」があるのです。悪い流れの時は無理をせず、自分に流れが来た時のためにじっと力を蓄えておきましょう。

自分にとって悪くなっていると
思う時こそ、次のチャンスの因がある。

土屋恵一郎（法哲学者）

我慢しながら嫌々取り組んだ仕事では、きっと良い結果は出ないでしょう。大変でも、楽しみながら夢中でやれば、あなたの力が100%発揮されます。そのようにこなした仕事にこそ、良い結果がついてくるものなのです。

楽しむことを考えよう

本人がそれを楽しんでいるかどうかが、
最高のパフォーマンスをするための
重要なカギだ。

シュガーマン博士（スポーツ心理学者）

もっとのめり込んでみよう

職場にマンネリを感じたら、仕事のやり方を変えてみましょう。普段接しない同僚と接してみましょう。人に任せていた仕事を自分でやってみましょう。職場の知らなかった一面を知れば、違う楽しみも見えてくるかもしれません。

自分が立っているところを深く掘れ。
そこからきっと泉が湧き出る。

高山樗牛(思想家)

あなたは
こんなものじゃない

もうこれ以上の結果は出せない。そう思った時は、自分の特技を思い出してみましょう。その仕事に全く関係のない、自分ではくだらないと思っている特技だとしても、思いも寄らない形で活かせることもあるのです。

人生は10段変速の自転車のようなもの。
自分が持っているものの大半は使っていない。
　　チャールズ・M・シュルツ（漫画『ピーナッツ』作者）

2章　自信を取り戻す言葉

誰にでも、苦手なことはあります。それ自体は悪いことではありません。大切なのは、自分の弱みを知っておくこと。それで初めて、弱点をカバーする方法が考えられます。そうすることが、あなたの成長へ繋がるのです。

弱点を知っていることは強みになる

あなたの強さは、あなたの弱さを
認めることから育つ。

ジークムント・フロイト（精神科医）

社会の中では、相手が間違っていると思っても自分を出さず、こらえなければならないこともあります。しかし、そこで自分を見失わないでいれば、いつか堂々と自分の思いを主張し、分かってもらえる時がくるはずです。

自分を見失わないで

本来の自分であろうとすることが
最も幸せなことである。

デジデリウス・エラスムス（神学者）

何もないところに放り出されて、「頑張れ」と言われても、どうしていいのか分かりません。目の前に障害や越えるべき壁があるからこそ、それが生きる道標になり、目指していくべきところが分かるのです。

壁が道標になる

束縛があるからこそ、私は飛べるのだ。
悲しみがあるからこそ、私は高く舞い上がれるのだ。
逆境があるからこそ、私は走れるのだ。
涙があるからこそ、私は前に進めるのだ。

マハトマ・ガンジー（政治指導者）

失敗しない人はいません。本当に失敗していないとすれば、何も行動を起こしていないというだけのこと。行動すれば、必ず誰にでも失敗は訪れます。そして、その先にこそ、成功の喜びや達成感があるのです。

行動したから、いいことも悪いこともある

決して誤ることのないのは、
何事もなさない者ばかりである。

ロマン・ロラン（作家）

生きていると、たくさんの壁にぶつかります。それでも、あなたは今まで乗り越えてきたはず。それは、あなた自身の問題だったからです。この先あなたに起こる問題も、あなた自身できっと解決できるでしょう。

必ず乗り越えられる

私たちの問題は人間が生み出したもの。
従って、人間により解決できるのです。
人間社会の中で起こる問題の中で、
人間を越えているものはありません。

　ジョン・F・ケネディ（第35代アメリカ合衆国大統領）

犬にまつわる名言②

 犬だけがもつ忠誠心

犬は決して私に噛み付いたりしない。
噛み付いてくるのは人間だけ。

マリリン・モンロー（女優）

 鋭い目線で見極める

愛犬が人間を見る目には一目置いている。
しかも私よりも素早く徹底的だ。

ビスマルク（政治家）

 抱きしめれば癒される

幸せというのは、あたたかい子犬のことである。

チャールズ・M・シュルツ（漫画家）

3章

前向きになる言葉

それはそれでいいかもと思おう

食事の約束をすっぽかされて、急に予定が空いてしまった。そんな時は、相手を責めず、思いがけず自由に使える時間ができたと考えましょう。予想しなかった事態をどう活かすかと考えると、途端に気が楽になります。

釣れない時は、魚が考える時間を
与えてくれたと思えばいい。

アーネスト・ヘミングウェイ（作家）

本当に苦しい時は、人生なんてもう嫌だと思ってしまいます。それでも、長い人生、すごく楽しい瞬間だってあります。後になってみれば、そんな浮き沈みがあるからこそ、生きることは楽しい。そう思える時がくるはずです。

やっぱり生きるって楽しい

私は生きていることが好きだ。
時々、悲しみに苛まれ、とても絶望的な気持ちになるが、
その中でも生きることは素晴らしいと思っている。

アガサ・クリスティ（作家）

あなたにも役割がある

自分は誰かの役に立っているだろうか? と、不安に思うことがあるかもしれません。でも、あなたが誰かに必要とされる瞬間は、必ずあります。あなたにしかできない役割を見つけることも、人生の大きな目標なのです。

あなたも私たちと同じように望まれて
この世に生まれてきた大切な人なのです。

マザー・テレサ（修道者）

過去を振り返らず未来を見よう

誰にでも、失敗することはあります。そんな時は、「過去の失敗」として記憶するのではなく、「次回の教訓」としましょう。考える内容は同じでも、考え方を変えるだけで前向きな気持ちに変わるものです。

幸せになりたいならば、
「あのときああしていれば」と言うかわりに、
「この次はこうしよう」と言うことだ。
スマイリー・ブラントン(精神科医)

すでに、けっこう満たされている

時間、モノ、お金……。求め続ければ、きりがありません。でも、趣味や健康な体、恋人や友人、おいしい食事など、今身近にあるものを忘れずに。それだけでも十分に幸せなのだと気付くことが、人生を謳歌するコツなのです。

足りないものを嘆くのではなく、
今あるものを大いに喜ぶ。
それが真に賢い者である。

エピクテトス（哲学者）

人は、余裕がなくなると、自分が一番つらいと錯覚しがちです。しかし、苦しみのない人はいません。あなたの家族や友人も、それぞれ大変な思いをしているのです。つらい時も、少しだけ人の心に目を向けてみましょう。

見えていなくても、みんな大変

人はみな我が飢えを知りて、
人の飢えを知らず。
　　　　　　　沢庵(たくあん)（僧）

頭に血がのぼり、相手にきつい言葉を浴びせたり、モノに当たってしまった。それを後から思い出して強く後悔するという経験は誰にでもあるはず。怒りを感じたら、まずは深呼吸をして、自分を客観的に見つめてみましょう。

ひと呼吸おいて

怒りの静まる時、後悔がやってくる。

　　　　　　　　ソフォクレス（劇作家）

何気ない時間が幸せ

本当に幸せな瞬間というのは、何も特別なことをしている時とは限りません。たとえお金がなくても、気のおけない友人と集まっておしゃべりに花を咲かせる。そんな何気ないひと時が、人生に活力を与えてくれるものです。

たのしみはとぼしきまゝに人集め
酒飲めものを食へといふとき

橘曙覧(歌人)

3章　前向きになる言葉

体調でも、仕事でも、恋愛でも、調子の良し悪しは必ずあります。絶不調で失敗続きの時は、落ち込むのではなく、「これ以上は悪くならない」と考えてみましょう。どん底にいるということは、あとは良くなるしかないのです。

この先は上り調子

健康な人には病気になる心配があるが、
病人には回復するという楽しみがある。

寺田寅彦（物理学者・随筆家）

若さの秘訣は挑戦を続けること

高齢になっても、新しいことに挑戦し、人生を楽しんでいる人は若々しく見えます。色々なことを諦めて、毎日を淡々と過ごすことが「老い」なのです。どれだけ人生経験を積んでも、好奇心を忘れないようにしたいものです。

年齢と言うものには元来意味はありませんよ。
若い生活をしているものは若い。
老いた生活をしているものは老いている。

井上靖（作家）

誰かの笑顔でやる気が出る

あなたの頑張りを応援してくれている人はいますか？ 成し遂げたことを喜んでくれる人はいますか？ つらい時は、その人のことを思ってみましょう。きっと、もう一歩踏み出すエネルギーを与えてくれるはずです。

人々のために曲を書くときのほうが、そうでないときよりもずっと美しい曲を書くことができる。

ベートーヴェン(作曲家)

代わりの手は
いくらでもある

もう全く解決策がないのではないかという局面に立たされた時は、原点に立ち返りましょう。本当に、あなたのやり方だけが正解ですか？　少しくらい違っても、それはそれでいいものができあがるかもしれません。

青の絵の具がないときは、
赤の絵の具を使えばいい。

パブロ・ピカソ（画家）

予測できないことに
ワクワクしよう

将来のことは、誰にも分かりません。それなら、この先起こる悪いことを心配するよりも、良いことに思いを馳せましょう。未来を楽しみにして過ごせば、もっと素敵な未来の扉が、あなたの前に現れるでしょう。

明日のことが分からないということは、
人の生きる愉しさをつないでいくものだ。

室生犀星(詩人)

幸せに気づけることが幸せの秘訣

あなたよりも幸せそうな人が、あなたよりも恵まれているとは限りません。その人は、今の環境がいかに幸せであるかを、あなたより知っているだけなのです。当たり前と思っていることを見直すと、幸せが見えてきませんか？

みんなが考えているより、
ずっとたくさんの幸福が世の中にはあるのに、
たいていの人はそれを見つけられない。

モーリス・メーテルリンク（詩人）

納得のいく人生を

死には、怖い、悲しいというイメージがついて回りますが、いつかは誰にでも訪れます。それなら、最期の瞬間に、人生を振り返って「いい人生だった」と納得できるよう、悔いの残らない生き方をしたいものです。

私は人生を愛したので、死ぬことを
悲しまない。

アメリア・バー（作家）

愛犬家・西郷隆盛

　江戸末期〜明治時代にかけて活躍し、「維新の三傑」の一人とされている西郷隆盛。上野公園に犬を連れた銅像が立てられていることからも愛犬家であったことは有名です。

　その犬好きは相当なもので、東京の自宅では10頭以上もの犬を飼っていました。上野公園の銅像のモデルとも言われている愛犬「ツン」をはじめとして、彼が特に愛したのは薩摩犬でした。薩摩犬は俊敏さが必要な猟犬であるにもかかわらず、溺愛するあまり肉を与えすぎて肥満体にしてしまったり、西南戦争末期の緊迫した情勢の中、愛犬を亡くして男泣きしたというエピソードが残っています。

4章

人間関係を見直す言葉

どんなときも相手を思いやる気持ちを

誰の人生にも、波があります。調子がよくて余裕のある時は、助けを必要としている人に目を向け、手を差し伸べてあげましょう。その気持ちをもっていれば、いざという時にきっとあなたも助けてもらえるはずです。

人生の上り調子のときに会う人には、いつもよくしておきなさい。なぜなら、下り調子のときに会うのも、同じ人だからだ。

ウィルソン・ミズナー（脚本家・劇作家）

笑顔を見せ合おう

笑顔というのは、必ずその人の印象を良くします。一緒に大笑いをする経験をすれば、「打ち解けたなあ」と感じられるはず。相手に安心感や親しみを与える笑顔は、良い人間関係を築くために欠かせないものなのです。

笑いは、二人の間をもっとも近づけてくれる。
　　　　　ヴィクトル・ボルゲ（音楽家・ピアノ奏者）

一緒に食べるとおいしいね

誰かと一緒に楽しく食事をすると、よりおいしくなります。そして、そんな時間を共有すれば、相手との距離もぐっと縮まります。一人で静かに食べるのもいいですが、みんなで笑い合いながら食事を楽しみましょう。

いい食事をすると、
みんなが仲良くなるのは不思議なことである。

サミュエル・ピープス（官僚）

どうも馬が合わない、好きになれないという人と接する機会は、誰にでもあります。そんな時は相手を拒否せず、しっかり観察してみましょう。そういう相手にこそ、新しい発見の種が隠されているかもしれません。

相手をよく見て

何も学ぶべきことのない人など、存在しない。

　　　　　ガリレオ・ガリレイ（物理学者）

高め合える関係性を

ライバルの存在は、やる気を高めてくれます。しかし、相手を蹴落とそうと考えると、それは争いに変わってしまいます。相手の頑張りに負けないように、という意識で、お互いに成長できる良い関係を築きましょう。

私があなたを引き上げ、あなたが私を引き上げれば、我々二人ともいっしょに上がる。

ホイッティア（詩人）

自分を大切に

尊大な態度をとる人はもちろんですが、「自分なんて……」と卑屈になる人も、周りから大切にはされません。しっかり自分を見つめて、謙虚さと自信をもって人に接しましょう。それだけでも、周りからは輝いて見えるものです。

尊敬を受けたいのなら、
自分を敬うことが大切だ。
自分を大切にすることによって、
周りもあなたを大切にするだろう。

フョードル・ドストエフスキー（作家）

きちんと話せば分かってくれる

どうしても自分の意見を貫きたい時、相手を強引に言い包めれば、その人との関係にヒビが入りかねません。あなたの考えをきちんと説明し、相手の意見も受け入れながら、お互いが納得した上で先に進める方法を考えましょう。

兵力に訴える前に、まず百種の温和策を試みよ。

ジェームズ・ケント（法学者）

4章　人間関係を見直す言葉

苦しいときこそ手を差し伸べて

いつでも話に花が咲き、笑い合える友人は良いものです。では、その人が苦しい時、あなたから近づいて、手を差し伸べることができますか？ 苦しみや悲しみも、楽しみと同じように共有できてこそ、親友と呼べるのです。

飲み友達なるものがある。
きみよ、きみよと呼びかけて、親友であると自称する。
しかし、事が生じたときに味方になってくれる人こそ、
真の友達である。

釈迦（仏教の開祖）

4章　人間関係を見直す言葉

ほめて伸ばそう

ほめられることは、誰にとっても嬉しいもの。やる気が湧き、次もほめられたいという思いが実力以上の力を呼び起こすこともあります。人を育てる時は、要所要所で認めてあげる言葉をかけるようにしましょう。

人の中に眠るすばらしさを
掘り起こすのは称賛と励ましである。

チャールズ・M・シュワブ（実業家）

「ありがとう」でこころをつなぐ

つい忘れがちな、身近な人への「ありがとう」。でも、身近だからこそ、何かをしてもらうことは多いはずです。それを当たり前と思わず、きちんと感謝の言葉を伝えること。その積み重ねで、人間関係はつくられていくものです。

深い思いやりから出る感謝の言葉を
ふりまきながら日々を過ごす。
これが、友を作り、人を動かす真理である。

　　　　　　　　　デール・カーネギー（作家・実業家）

人は、長く一緒に過ごすほど、相手の嫌な面も見えるものです。それが、夫婦となればなおのこと。しかし、そこで相手を拒絶するのではなく、個性として受け入れ、知らなかった一面を楽しむくらいの余裕をもちましょう。

違いを認め合おう

結婚してからの一日一日は、
相手の欠点を一つ一つ発見していく一日である。

　　　　　　　　なだいなだ（精神科医・作家）

愛する人と長く一緒にいようと思ったら、いつまでも相手だけを見ているわけにはいきません。二人で、同じ方向に、同じビジョンを見ながら、将来へ歩んでいく。それこそが本当の愛の形なのではないでしょうか。

二人で前を向こう

愛とは、お互いに向き合うことではなく、
共に同じ方向を見つめることである。

サン＝テグジュペリ（作家）

あなたのそんなところが素敵だね

　自分の長所は、意外に周りの人のほうが気づいていたりするものです。相手の長所は、言葉にして伝えてあげましょう。時には、喜ばせるだけでなく、その人の将来を広げることに繋がるかもしれません。

最大の善行とは、何かを与えることではない。
その人が持つ素晴らしい何かを
見つけて、教えてあげることだ。
　　　　ベンジャミン・ディズレーリ（イギリス元首相）

仕事でも、家庭でも、主張が対立することは必ずあります。そんな時はまず、相手の主張をよく聞いて、譲ってもいいところは快く譲りましょう。そうすれば、あなたが一番大事にしたい主張に、相手も耳を傾けてくれるはずです。

間をとって

こちらに五分の理しかない場合には、
どんな重大なことでも相手に譲るべきだ。
十分の理がある場合でも、
小さいことなら譲ったほうがいい。
エイブラハム・リンカーン(第16代アメリカ合衆国大統領)

一緒なら頑張れる

誰しも、一人で全てをこなそうと頑張っていると、いつかくじけそうになる時がきます。しかし、一緒に頑張る仲間がいれば、その姿に勇気づけられるもの。一人で背負い込まず、人と助け合いながら歩んでいきましょう。

ひとりで見る夢は、
それは夢にしか過ぎない。
しかし、みんなで見る夢は現実となる。

　　　　エドゥアルド・ガレアーノ（ジャーナリスト）

忠犬ボビー

　日本で忠犬といえばハチ公が有名ですが、世界にも有名な忠犬がいます。

　1858年、スコットランドのエディンバラで警察官として勤めていた愛犬家のジョン・グレイさんが病死しました。すると、2年間を共に過ごした彼の愛犬ボビーは、その墓の周りで暮らし始めます。

　いつしか、主人の墓を守り続けるボビーはエディンバラ中で有名になりました。そして、グレイさんが他界してから自らが息を引き取るまでの14年間、そこでの生活を続けたのです。

　ボビーの死後、地元の貴族によって銅像が建立されました。銅像は再建を経て、現在も主人の墓の近くにその姿を見ることができます。

5章

やる気になる言葉

率先して引き受けよう

人と同じ仕事を、人よりうまくやるというのは難しいもの。それなら、人がやりたがらない仕事を、自分からやってみましょう。それは、ライバルが少なく、やっているだけでも周りからは評価されるおいしい仕事なのです。

誰もやりたがらない仕事には、
しばしば大きなチャンスが隠れている。
　　　　　ジャクソン・ブラウン（ミュージシャン）

何かの競技で1位になった人でも、練習を怠れば次回は1位になれません。同様に、今に満足しているからと言って何もしないでいたら、その満足は維持できないのです。少しずつでいいので、前に進む勇気をもちましょう。

じっとしているだけでは置いていかれる

現状維持では、後退するばかりである。

ウォルト・ディズニー
(ウォルト・ディズニー・カンパニー創業者)

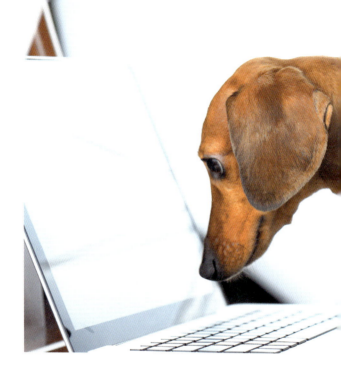

今取り組んでいる仕事をやり遂げるのが自分には困難だと思ったら、素直に誰かに助けを求めましょう。無理をせず、今のあなたにできることをしっかりやれば、いつかはより難しいこともできるようになっていくものです。

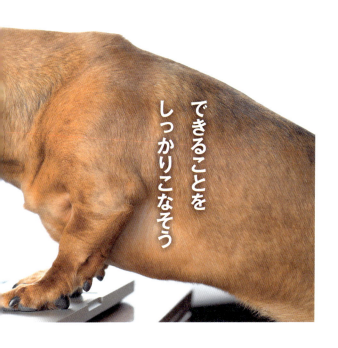

できることを
しっかりこなそう

満足な仕事ができないと思ったときは、
素直に自分のレベルに合った仕事を
探しなさい。たとえそれが石割で
あったとしてもである。

ジェームス・ギャンブル（P&G 創業者）

どうにも動き出すのが億劫に感じることは、誰でもあると思います。でも、初めの一歩さえ踏み込んでしまえば、あとは自然に足が進み、スムーズに事が運ぶことも珍しくありません。何も考えず、とりあえず始めてみましょう。

始めてしまえばこちらのもの

行動しなさい。
そうすれば力が湧いてきます。

　　　　　　ラルフ・ワルド・エマーソン（思想家）

どんなことでも一番になる人はすごい

雑用を任されるのが嫌だからといって逃げてばかりいたら、いつまでも見習いのまま。つまらない仕事でも、周りが驚くようなスピードや正確さ、丁寧さを発揮すれば、きっと誰もあなたを放っておかないでしょう。

下足番を命じられたら、日本一の下足番になってみろ。
そうしたら、誰も君を下足番にしておかぬ。
　　　　　　小林一三（阪急東宝グループ創業者）

子どものエネルギーに任せよう

子どもは、興味があることには、抜群の集中力を発揮します。反対に、興味をもてなければ教えてもなかなか身になりません。最高の教育というのはノウハウを教えることではなく、「興味を抱かせる」ことなのです。

平凡な教師は言って聞かせる。良い教師は説明する。
優秀な教師はやってみせる。
しかし最高の教師は子どもの心に火をつける。

ウィリアム・ウォード（教育学者）

やる気は人に移る

他人と共同で何かをする時、「相手が何とかしてくれる」という意識をもっていませんか? それは、相手にも伝わり、相手のやる気も落してしまいます。反対に、お互いに協力する意識をもてば、何倍もの力が発揮できるものです。

自分一人で石を持ち上げる気がなかったら、
二人がかりでも石は持ち上がらない。

ゲーテ（詩人）

返事は結果で

理不尽な非難や叱責を受けて、やる気を失うこともあります。しかし、そこで言い返してしまえば相手との間に遺恨を残すだけ。そのもやもやを今の仕事にぶつけて、完璧な結果で相手を黙らせてしまいましょう。

誹謗中傷への最高の返答は、
黙って仕事に精を出すことである。
　　　ジョージ・ワシントン（初代アメリカ合衆国大統領）

できることに集中しよう

素晴らしい功績を残した人は、できないことをただ夢みていたわけではありません。その時々で、できることを一つひとつこなしていき、結果を出したのです。あなたも、まず自分にできることを探すことから始めてみましょう。

英雄とは自分のできることをした人だ。
ところが凡人はそのできることをしないで、
できもしないことを望んでばかりいる。

ロマン・ロラン（作家）

いつでもスタートは切れる

今のあなたは、子どもの頃にあんな風になりたいと思い描いた姿でしょうか？ そうでなくても、「なれなかった」と解釈するのは間違っています。できる範囲内で、その理想に近づくことは今からでも可能だからです。

なりたかった自分になるのに、
遅すぎるということはない。

ジョージ・エリオット（作家）

やるしかない

後戻りできない、とにかくやるしかない状況になったら、「できないかもしれない」という気持ちは捨てましょう。思い込みでも、人は変われます。できると思えば、自分で思っている以上の力が発揮できるのです。

できると思えば可能だ。
できないと思えば不可能なのだ。
　　　ヘンリー・フォード（フォード・モーター創業者）

たまには強引に押し切ろう

自分の意見を強く言えない人は、反対意見は出て当たり前だと思いましょう。どんな良案にも必ず反対派はいて、その意見であなたの考えを補強できることもあります。自信があるなら、押し切る勇気をもてばいいのです。

人々の五分の一は、どんな提案にも
必ず反対するものだ。

ロバート・F・ケネディ（政治家）

夢中でいるうちに うまくいく

やる気をなくしたら、成功した経験を思い出してみてください。その時は、余計なことを考えず、必死に目の前のことをこなしていたのではありませんか？　夢中になっていれば、意識しないうちに結果は出てくるものなのです。

成功はいつも、忙しすぎて成功を
探し求める暇のない者にやってくる。

　　　　　　　ヘンリー・デイヴィッド・ソロー（作家）

[参考文献]
『明日が変わる座右の言葉全書』話題の達人倶楽部・編（青春出版社）
『名言名句の辞典 日本語を使いさばく』現代言語研究会・著（あすとろ出版）
『心に火をつける言葉 あなたの背中を押してくれる名言集』遠越段・著（総合法令出版）
『心に刻みたい賢人の言葉』植西聰・著（あさ出版）
『愛の言葉』「人生の言葉」編集部・編（日本ブックエース）ほか

装丁写真	柴犬まる＿小野慎二郎 @marutaro
写真提供	Shutterstock.com ©aleksandr - Fotolia
装丁デザイン	大前浩之（オオマエデザイン）
本文デザイン・DTP	尾本卓弥（リベラル社）
編集人	安永敏史（リベラル社）
編集	伊藤光恵（リベラル社）
営業	津村卓（リベラル社）
広報マネジメント	伊藤光恵（リベラル社）
制作・営業コーディネーター	仲野進（リベラル社）

編集部　中村彩・木田秀和
営業部　澤順二・津田滋春・廣田修・青木ちはる・竹本健志・持丸孝

※本書は、2015年に発刊した『1日1分で心に効く　いぬセラピー』を編集・文庫化したものです。

1分で笑顔になれる言葉
わんこセラピー

2024年9月24日　初版発行

編　集	リベラル社
発行者	隅田　直樹
発行所	株式会社 リベラル社 〒460-0008　名古屋市中区栄3-7-9 新鏡栄ビル8F TEL 052-261-9101　FAX 052-261-9134　http://liberalsya.com
発　売	株式会社 星雲社（共同出版社・流通責任出版社） 〒112-0005　東京都文京区水道1-3-30 TEL 03-3868-3275
印刷・製本所	株式会社 シナノパブリッシングプレス

©Liberalsya 2024 Printed in Japan　ISBN978-4-434-34506-7　C0195
落丁・乱丁本は送料弊社負担にてお取り替え致します。